Eugen Irmer

Die altfranzösische Bearbeitung der Formula honestae vitae

des Martin von Braga

Eugen Irmer

**Die altfranzösische Bearbeitung der Formula honestae vitae des Martin von
Braga**

ISBN/EAN: 9783337138370

Printed in Europe, USA, Canada, Australia, Japan

Cover: Foto ©ninafisch / pixelio.de

More available books at **www.hansebooks.com**

Die altfranzösische Bearbeitung
Der Formula Honestae Vitae
Des Martin von Braga.

---·━━•━✦•━•━✦•━━━---

Inaugural-Dissertation

verfasst und

der philosophischen Facultät

der

vereinigten Friedrichs-Universität Halle-Wittenberg

zur

Erlangung der Doctorwürde

vorgelegt

von

Eugen Irmer

aus Crimmitschau.

---·━•✦✿✦•·━---

HALLE A. S.
Druck von **E. Krebs**, Frankenhausen (Kyffh.).
1890.

Meinem Vater

und meiner Tante **Frau Ida Möbius**

in Liebe und Dankbarkeit

gewidmet.

Einleitung.

Die Handschrift 12471 der Bibl. Nat. fr. enthält f. 89r — f. 106r eine altfranzösische Bearbeitung der bekannten Formula honestae vitae des im 6. Jahrhundert lebenden Bischofs Martin von Braga.*)

I. Der anonyme Verfasser dieser französischen Bearbeitung hat sein Gedicht einem zur Zeit der Abfassung regierenden König Philipp von Frankreich gewidmet (vgl. im unten folgenden Texte die Verse 61—102). Da die Handschrift aus dem Ende des 13. Jahrhunderts stammt,**) so haben wir, um zu ermitteln, welcher König Philipp in der Reihe der französischen Regenten gleichen Namens hierunter zu verstehen ist, die bis zum Jahre 1300 zur Regierung gelangten Könige des Namens Philipp zu betrachten, d. h. Philipp I. 1060—1108, Philipp II. 1180—1223, Philipp III. 1270—1285, Philipp IV. 1285—1314. Der Dichter spielt in seiner Widmung offenbar auf Kämpfe an, die Philipp mit Vasallen zu bestehen hatte, und die er immer zu einem für ihn (wie die Anspielung zu verstehen) vorteilhaften Ausgang zu führen wusste:

v. 89 ff. Mout i ont le roi degeté
et travillié et tresgeté
tout cil qui garder miels le durent —
Certes trop vilain pecié fait
qui envers son signour meffait. —
Com plus l'abaissoient, plus criut,
onques par eus point ne descriut.

Die Geschichte der beiden bedeutungslosen Fürsten Philipp I. und Philipp III. lässt uns die Anspielungen des Gedichtes nicht auf sie anwenden. Gegen Philipp IV. spricht Folgendes: Die Abfassung der Handschrift, umsovielmehr diejenige des Gedichtes selbst, gehört dem 13. Jahrhundert an. Demnach

---

*) Eine provenzalische Bearbeitung derselben lateinischen Quelle bietet eine Handschrift zu Venedig, ed. v. Austin Stickney: „The Romance of Daude de Pradas on the four cardinal virtues." Florence 1879.
**) Vgl. G. Paris et L. Pannier „la Vie de Saint Alexis". Paris 1872 p. 209.

müsste letztere in die ersten Regierungsjahre Philipp IV. fallen.
Wenn dieser mit zweien seiner Vasallen, mit Eduard I. von
England, später mit dem Grafen Gui von Flandern, im Streite
lag, setzte er sich doch zunächst (die späteren Ereignisse, seinen
eigentlichen Kriegszug gegen Gui von Flandern u. s. w., können
wir nicht mehr in Betracht ziehen) immer durch Vertrag mit
seinem Gegner auseinander. So aber werden die historischen
Anspielungen unseres Dichters nicht motiviert. Es bleibt uns
Philipp II. August zu betrachten*). Dieser Fürst ermangelte
infolge seiner Staatsklugheit

> „C'onques ne vi, c'en est la voire,
> tel sens, tel engien, tel memoire
> com presté li a nostre sire"

bei seinen Unternehmungen fast nie des Erfolges. Philipp II.
lag in fortwährendem Kampfe mit den englischen Königen,
seinen Vasallen, Heinrich I., Richard Löwenherz und Johann.
Zu seinen vielen Feinden zählte er den Papst. Erbittert waren
die Kämpfe gleich zu Anfang seiner Regierung mit Heinrich II.
von England, später mit dessen Nachfolger Richard. Noch
kann aber hierbei von einem eigentlichen Gewinn, worauf doch
der Dichter unzweifelhaft anspielt (vgl. v. 95—98), nicht die
Rede sein. Dies lässt sich erst von seinem Kriege gegen
Johann sagen, welch' ersterer bis Philipps Tode andauert, am
heftigsten bis 1214 geführt. 1204 erlangte Philipp in diesem
fortdauernden Kampfe einen gewaltigen Länderzuwachs (Nor-
mandie, Touraine, Anjou, Maine). Am bedenklichsten wurde
seine Lage, als gegen 1214 Johann mit dem Grafen Ferrand
von Flandern und dem deutschen Kaiser ein Bündnis gegen
ihn schloss. Seiner Flotte wurde eine gewaltige Niederlage
bereitet; er selbst hingegen erfocht zu Lande einen vollständigen
Sieg über seine Feinde zu Bouvines 1214. Es war dies das
glänzendste Ereignis in seiner Regierungszeit und bezeichnete
den Höhepunkt seiner Macht; der Sieg bedeutete die fast voll-
ständige Befreiung von seinen äusseren Feinden. Da es sich
hier auch vor allem um Bekämpfung der Vasallen (Johann,
Ferrand von Flandern u. a.) handelte, können wir vielleicht
mit Recht vermuten, dass der Dichter in seinen Anspielungen
besonders diese Zeit bis zur Schlacht bei Bouvines (und diese
selbst) im Auge hatte. Die Kämpfe zwischen England und
Frankreich dauerten noch bis Philipp's Lebensende fort, so
dass der Dichter mit Recht sagen konnte: par male aventure
tant durent (v. 92). Wir können sonach innerhalb der Jahre
1180—1223 als Abfassungszeit weiter die Jahre 1214—1223
vermuten.

---

*) Vgl. die Vermutung von G. Paris „la Vie de Saint Alexis". Paris
1872 p. 216.

II. Die Handschrift (zu Grunde lag dem Herausgeber eine nicht tadellose Copie) ist in picardischem Dialekte geschrieben, wie folgende Punkte zeigen:

1. Lat. c vor a erhalten: caut 116. 307. 639. 705. cange (Subst.) 187. cange 188. cape 205. 704. escape 206. camp 231. castiaus 253. escarsement 266. cangeroit 382. cauroit 416. cachier 499. racate 529. caoir 571. casties 643. car (carrus) 828. castie 899. 1001. escars 992. castier 996. Ausnahmen fehlen.

2. c vor e, ie, i aus a = c, k (Laut k): cier 82. pecié 93. peskier 98. cieres 104. ciet 148. 368. 813. aficier 165. ceval 378. cieche 435. kenu 771. cemin 779. bouce 922. kerke 959. ceriroit 1018.
Ausnahmen: cerche 151. 760. afiche 171.
Germanische Worte: rice 172. 549. 772. (riche 176.) blance 754. blances 178.

3. g vor a erhalten in galentine 512. goir 966.
Ausnahme: joir 304.
g vor e, ie, i aus a = g in jugeor 410. mangier 474. 486. 508. 514. mangeront 520. mengeroies 527. juge 543. jugement 945. jugier 950.

4. Die Hülfslaute d und b fehlen in vauroit 72. 371. vauras 207. menras 208. ensamle 368. cauroit 416. tenre 471. atenrist 472. menroit 583. 952. humle 814. tolroit 912. vaura 979.
Ausnahmen: samble 81. 350. 575. resamble 82. 305. 701. samblant 274. membrer 301. tramble 367. 702. dampner 489. criendre 587. 753. sambles 636. ensamble 681. 682. criendras 778. tendras 871. detendras 872.

5. pais 140. 898. 903 = pacem. fois 170. 693. 706 = vicem.

6. c vor lat. e, i und t vor i (e) + Voc. = TSH: cil 3. cestui 12. commencement 15 u. s. w.
Ausnahmen: ains 30. 133. 210. sentensse 158.

7. t (d) + s im Auslaut = s: saciés 71. mons 87. grans 125. gens 348. pourveans 359. avés 397. assés 399. 468. delis 500. 503. 541. santés 542. dens 644. dolans 734.
— sts = s in cis 46. ces 249 u. s. w.

8. Umstellung von Cons. + er zu Cons. + re vor dem Accent in fremé 923. confremé 924.

9. pules 640 = populus.

10. Von den pic. Formen men ten sen findet sich sen 911.

11. ol̥c = au pic.: vauroit 72. 372. vauras 207. faus 880. 881. 1008. taut 885. vausist 950. vaura 979.

12. Die weibl. Form le für la (Art.) 82. 128. 148. 834. 440. 485, 845. 846. Acc. Pron. 174. 472. se: 280. 891. te; 516.

13. ā haben: Roumans 48. France 75. tant 92. 97. grans 125. planté 133. santé 134. cange 137 u. s. w.
ẽ: sens 28. 33. gent 34. volentiers 65. comment 72. u. s. w. ã für ẽ in tans 2. sans 4. 7. puissance 76. samble 81. resamble 82. pourveance 131. toustans 136. creance 212. cuidance 239. samblans 251. tramble 367. ensamle 368. venjance 439. lange 592. avanteour 764. ẽ für ã: menjue 306. 477. menguent 521.

14. el$\underset{\smile}{c}$ aus lat. īl$\underset{\smile}{c}$ = pic. iau: castiaus 253. Ausnahme eus 96. 889.

15. norm. und franc. Diphthong ou = pic. au, eu: leu 217. 659. peu 295. 1005. pau 610. 745. jeus 660.
Ausnahmen: ot (habuit) 27 u. s. w.

16. Unbetontes oi = i in pissons 82; aber angoisseus 962.

17. Verwandlung von ausl. iee zu ïe in enlacie 326.

18. ieu = iu in dius 61. 292. 580 u. s. w. liu 360. 391. miliu 969. 990. 1006.

19. Intervokales s im Perf. erhalten in fesist 752.

20. Nom. ecce — iste = cis 46. 278. 319 u. s. w.

21. Pronominalform jou 238. 245. 426 u. s. w.; je nur 10. 712. 762.

III. Sprache des Dichters:

1. Von den Nomina auf e, die später s annehmen konnten, gehen vor vokal. Anlaut auf s aus: sires 317. 702. 705. mires 523. saiges 677. 984. traïtres 678. prestres 930. Seneques 1019.

2. Fem. Adj. der lat. 3. Dekl. ohne e: grant 196. 296. 802. 897. 898. tel 198. 370. 905. quel 307. mortel 852. Aber tele 344. 716. 741.

3. Dreisilbige Form zeigt criendera 404.

4. Inlautendes e vor Vokalen ist beim Dichter nicht verstummt: maleoit 242. flateour 272. aseoir 507. gabeour 763. vanteour 764.

5. Unbetontes e vor vokal. Anlaut zählt nicht als Silbe.

Die Formula Honestae Vitae.

Honestatz os e cortesia
pessar tal re que bona sia.
Daude de Pradas.

Sterne im Texte deuten an, dass die handschriftliche Schreibung verlassen worden, und verweisen auf die Lesung der Handschrift am Fusse der Seite.

nfr. = neufranzösisch.
Et. W. = Diez, etymologisches Wörterbuch, 5. Ausg. 1887.
G. P. = Gaston Paris.

Die Citate aus der lateinischen Vorlage am Fusse der Seiten gebe ich nach Andreas Weidner: Martini Dumiensis Formula Vitae Honestae. Programm des Magdeburger Paedagogiums zum Kloster uns. lieb. Frauen 1872.

Qui *tous jors list et riens n'enteat,
com faus son tans use et despent.
Tout ausi rent cil de musaige
qui *ot sans metre i son corage.
5 Et pour cou doit li clers aprendre
qu'il sace cou qu'il list entendre.
Qui ce fera, saciés sans taille,
del grain savra sevrer la paille,
s'il n'est fols u povres de sens.
10 Issi porra, si com je pens,
le bon lit del mauvais eslire,
cestui loer, cestui despire.
Signour, ançois *ke *plus vous dic,
*proi diu le fil sainte Marie
15 qu'i soit a mon commencement,
s'en *dirai plus seürement.
Saciés que ne vous voel pas dire
si con dans Rainars se fist mire,
ne com Hersens fist *l'estripot;
20 de tout çou n'i ara un mot,
ne de nul autre lecerie
n'i ores point, ne de folie.
Le sens dirai *del plus saige houme
qui onques fust noris en Roume,
25 si com tesmoignent li escrit
qui par tout le mont sont escrit.
Seneque ot non, et si fu mestre
a Noiron, qui trestout peestre
diables fut et vis *maufés.

---

1. tout. 4. ot son. 11. lit Streu, nfr. litière. 13. ke plus
G. P.] plus ke. 14. proi G. P.] pour. 15. que G. P.] qui. 16.
dira. 19. l'estipot. Anspielung auf das bekannte Abenteuer
der Hersent mit Renart im Roman de Renart, (Martin II.
1211 ff., Méon I. 531 ff.); estripot Steigbügel, Stütze (vgl. Et. W.
I. p. 129 estribo) hat die obscöne Bedeutung von arçon, vgl.
Roman de Ren. (Martin I. b. 3083 ff., Méon 22. 12855 ff.):
„Mespris avez en tel manere
qu'en vos en tient a camberere
qui conmunax est a garçons:
Trestuit li entrent es arçons."
23. des. 27. Man hielt im Mittelalter die Formula honestae
vitae für das Werk Seneca's. Martin von Braga fusst auf
dessen: „De Officiis Constituta." 28. zu peestre vgl. Et. W.
Anh. II c. p. 808 piêtre. 29. maulés.

30 A mal eür fust il ainsnés,
qui son maistre ocist et sa mere:
or quit que mout cier le compere.
Sens et tresors, bien dire l'os,
a poi de gent valent enclos;
35 mais ne sont pas d'une nature:
car *tresors, c'om depart, poi dure,
et li sens est de tel baillie
que plus croist, et plus multeplie
a celui qui plus le depart.
40 Et cil en a mout povre part
qui as autres ne velt partir;
et pour éou le m'estuet partir.
Qui a nului ne fait partie,
issi le pert, issi l'oublie.
45 Par maint iver, par maint esté
a cis sens en Latin esté
couvers as lais, et pour éou l'ai
mis en Roumans, que tout li lai
qui l'orront, s'il veulent entendre,
50 i puissent aucun bien aprendre.
Fait sont par rimes et par vers   90r.
cist sens et sont auques divers.
Pour éou lo que cascuns em prenge
éou qu'en cuer siet et si l'aprenge;
55 car souvent a un home plaist
éou c'a un autre tout *desplaist.
Pour éou ne doit il pas mal dire,
ne le sien en son cuer despire.
Éou k'uns refuse, autres le veut;
60 éou *k'uns degete, autres requelt.
Et dius doinst celui boinne vie,
de qui li autre ont toute envie,
pour qui j'ai commencié cest livre.
Bien i porra aprendre a vivre,
65 se il volentiers *i *entent,
et s'il souvent l'ot et entent.
C'onques *ne vi, c'en est la voire,

31. Nero liess bekanntlich seinen Lehrer Seneca auf Grund seines Einverständnisses mit dem Verschwörer Piso hinrichten. Desgleichen liess er seine Mutter, die jüngere Agrippina, töten, die ihm zufolge ihres Ehrgeizes und ihrer Herrschbegierde in der Ausübung unumschränkter Gewalt hinderlich war. 36. trestors. 56. desplait. 60. k'uns G. P.] con. 65. lentent für i entent. 67. ne fu G. P.] ni vi.

tel sens, tel engien, tel *memoire,
com presté li a nostre sire,
70 qui par tout est li mieldre mire.
Et bien saciés, ke il veut droit.
Oiés comment: car il vauroit
c'om mesurast a tel mesure
son droit, com il autrui mesure:
75 c'est Phillipes li rois de France,
qui damedius par sa puissance
doinst et bon soir et bon matin
et bone vie et bone fin,
et destruise ses anemis
80 en toute terre, en tous païs.
De lui vous di, si com moi samble,   90v.
c'uns pissons de le mer resamble,
qui les ondes forment *asaillent,
hurtent as roces et travaillent;
85 pour óou pas son *croistre ne laisse,
anóois i amende et encraisse.
Ausi est li mons com la mers
plus perilleus et plus amers.
Mout i ont le roi degeté
90 et travillié et tresgeté
tout *cil *qui *garder miels le durent;
par male aventure tant durent.
Certes trop vilain pecié fait
qui envers son signour meffait.
95 Com plus l'abaissoient, plus criut,
*n'onques par eus point ne descriut;
tant est creüs entre onde et roce,
n'a mais garde de preskier loke.
Mais au *tramail la se regart
100 de traïson, et dius l'en gart
et doinst qu'en son cuer ma semence
bien prenge. Seneques commence.
De vertus sont .IIII. manieres
molt preciëuses et molt cieres,
105 si con nous racontent li saige.

68. memore. 75. vgl. Einleitung. 83. asaillent G. P.] afaillent. 85. coistre. 91. cil qui] qui cil. — garderer. 92. vgl. Einleitung. 96. si onques. 99. travail.

103—112: Quatuor virtutum species multorum sapientium sententiis definitae sunt, quibus animus humanus comptus ad honestatem vitae possit accedere: harum prima est prudentia; secunda magnanimitas; tertia contienentia; quarta justitia.

Ces. .IIII. aornent le coraige
d'ome qui les a, et font vivre
honnestement tout a delivre.
La premiere a a non cointise,
110 Si con Seneques nous devise;
l'autre *est force de cuer, mesure   91r.
la tierce, et la quarte droiture.
    Cointise est mout saige et courtoise ;.
car cascune cose esme et poise
115 et prise tant com ele vaut;
d'un fol cuidier petit li caut.
Car saciés que souvent avient,
*que *on pour bone cose tient
cele qui molt par est malvaise,
120 et la bone, qui qui desplaise,
tient on pour mauvaise souvent.
Ceste esrors est a toute gent.
Cou qu'est de cose trespassable,
ne le tenir trop pour estable!
125 Bien pert que grans cose n'est mie,
qui puet faillir en te baillie.
Le tien par toi despent et use,
et ne servir pas de le muse,
si con font cil qui les lor *coses
130 tienent avoec autrui *encloses.
Qui cointe porveance embrace,
en nule riens son cuer enlace,
ains a le cuer si fort planté
que tout donra, mais pour santé
135 ne l'em puet mouvoir aventure;
tous tans en un estat si dure,
se sa cose ot le tans prent cange,

111. ert. 118. que on] Q'on. 129. cose. 130. enclose.

114—121: Caput Primum. De prudentia. Quisquis ergo
prudentiam sequi desideras, tunc per rationem recte vives, si
omnia prius aestimes et perpenses. — Nam scire debes quia
sunt quae videantur bona esse et non sint, et sunt quae non
videantur et sint.

123—128: Quaecunque autem ex rebus transitoriis possides,
non mireris, nec magni aestimes quod caducum est; nec apud
te quae habes tamquam aliena servabis, sed pro te tamquam
tua dispenses et utaris.

135—140: Si prudentiam amplecteris, ubique idem eris et
prout rerum varietas exigit, ita de adcommodas tempori; nec
te in aliquibus mutes, sed potius aptes.

c'est cil, c'onques son cuer ne cange,
ains s'apareille de souffrir
140 em pais le vivre et le morir.
Fortune ki les autres bat   91v.
et souvent fraint, souvent abat,
tant face lancier ne tant traire,
ne li puet gaires de mal faire;
145 espoir poindre le puet sans plaie.
De quanque fait point ne l'esmaie,
tout ausi com en la saison
ciet la gresle sour le maison;
noise et *friente sans faire mal
150 ont cil de la maison aval.
Bien *prise et cerche ses *feels
et les faus sonne des freels.
Ne doit ne trop tost ne tost croire,
ne trop tart ne trestout mescroire.
155 Voirs est que, qui autrement croit,
óou fait que faire ne devoit.
    Ne faire dont aies doutance.
De donner hastive sentensse
sueffre; car souvent par atendre
160 puet on la verité aprendre.
Car qui juge *hastivement,
ne m'en mervel pas si mesprent;
ne tu ne dois tels estre mie,
ne tel souffrir en ta baillie.
165 N'aficier cose *fermement,
se ne *la ses certainnement.
Que n'est pas voirs quanques voirs samble,
et faus tout óou que faus resamble.
Bien i *pues estre deceüs
170 et autre fois tost mescreüs.
Cil qui óou qu'i ne set *afiche,   92r.
et li povres qui fait le rice
font que fol; car mout laide est l'uevre,

---

149. fiente. 151. poise — feele. 161. hastiumt. 165. ferme-
memt. 166. lais. 169. puet. 171. asiche.

159—154: Prudentis proprium est non cito facili credulitate
ad falsa prolabi.
157—158: De dubiis non definias, sed suspensam tene
sententiam.
165—168: Nihil affirmes, quia non omne quod verisimile
est statim et verum est, sic ut et saepius quod primum incre-
dibile videtur non continuo falsum est.

quant li mençoigne *se descuevre.
175 Mout a ci mauvais garniment,
a riche home meïsmement.
Pour amuser, pour miels *discourre
de blances paroles labourre;
ensi fait entendre par gille
180 sa mençoigne pour ewangille.
S'avoir veus cointe pourveance,
l'aventure ançois desavance
qu'ele onques soit a toi venue;
car quant te sera avenue,
185 lors ert del repentir trop tart.
Pour çou cascuns avant se gart.
Riens nule ne te soit soudainne
dont croistre puist u mals u painne.
Delaier puet on u fuïr
190 le colp, c'om voit de lonc venir.
Saiges atent, crient et porvoit,
mais fols ne crient tant qu'il reçoit,
lors tist, ne quidoit c'avenist,
ne c'avenu estre peusist.
195   Quanques tu fais, fai par raison.
Grant cose sans grant occoison
ne doit nus saiges commencier;
qu'en tel cose te pués lancier
u par fol consel u par ire,
200 que tout li saige *d'un empire
ne t'en *porroient consillier.   92v.
Que feront donc ti consillier
*desqu'i t'aront mis al trapier?
cascuns se metra al frapier
205 et gardera, s'il puet, sa cape.
Mestier li avra, s'il escape,
or dire que tu vauras faire.
Quant tu *menras ton grant affaire,
si poise le definement,

---

174. le. 177. decourre. 200. dune. 201. pooroient. 203.
des qui. — mettre al trapier in die Falle bringen. 204. mettre
al frapier die Flucht ergreifen, vgl. Et. W. Anh. II. c. p. 796
frapper. 208. venras.

181—194: Si prudens esse cupis, in futura prospectum
intende; et quae possunt contingere, animo tuo cuncta propone.
Nihil tibi subitum sit, sed totum ante prospicies. Nam qui
prudens est, non dicit: „Non putavi hoc fieri“, quia non
dubitat, sed exspectat; nec suspicatur, sed cavet.

210 ains qu'entres el commencement,
    et met tout en droite balance,
    la bone et la male creance
    qui par raison te puet venir.
    Lors *tu saras au quel tenir,
215 u soit del faire u du laissier.
    *S'estre *puet, miels te vint plaissier
    ton coraige et attendre leu,
    que puisses miels faire ton preu,
    que commencier par ton outraige
220 cose dont aies grant damaige.
    *Saiges, quant en estroite rue
    entre, prent garde de l'issue,
    qu'il n'i ait rien que demourer
    le face trop u sejourner.
225 Li cointes ne deçoit nului,
    ne nus ne puet deçoivre lui.
    Car tantost com tu aras trait,
    voit son ju jusqu'al nueme trait,
.   et lors de contrepenser pense,
230 et fait tant que par se deffense
    t'estuet le camp guerpir trestout   93r.
    et la querele tout de bout.
    Adonc avras trouvé, jou quit,
    encontre viseus un requit.
235   Tu ne dois nule riens cuidier,
    pour çou que sages om *jugier.
    *Devroit que cascuns quidier doie
    qu'est el droit ploi de la *coroie.
    As fols laisse tole cuidance;
240 que ne tien rien a pourveance,
    qu'Entrecuidast et Esperat
    furent doi maleoit musart.

---

214. te. 216. s'estre puet] puet sestre. 221. li saiges. 227
bis 232. Anspielung auf's Schachspiel, vgl. 385 ff. 234. „encontre viseus un requit" afr. Sprichwort, „List gegen List",
vgl. Roman de Renart (Méon 2068): „Encontre vezié recuit";
viseus, requit = verschlagen, schlau. 236. jugier] doit jugier.
237. deveroit. 238. coroe.

208—210. Cujuscumque facti causam require: cum initia
inveneris, exitus cogitabis.
    216—220. Scito in quibusdam perseverare te debere, quia
coepisti, quaedam vero nec incipere, in quibus perseverare sit
noxium.
    225—226. Prudens fallere non vult, falli non poterit.

Qui par cuidance fait fourfait,
n'est pas mervelle s'il forfait.
245 S'il fait bien, jou di par droiture,
n'est pas de soi, mais d'aventure.
Ne penser pas environ fable,
mais *tous jors pense en cose estable,
et tes pensés de nule part
250 de verité ne se depart.
Faus pensers est samblans a songe,
qui trestous est plains de menćoigne:
souvent ꞏfait castiaus eń Espaigne,
mais en fin merit n'i gaaigne;
255 il ne t'en puet nus biens venir.
Pour ćou te dois bien souvenir,
que n'acuelles tel pensement;
car qui se pense nicemeht,
quant tout a fait et tout ataint,
260 et riens ne trueve, fols remaint.
Gardes ne perdes ta parole   93v.
pour noient, ćou font la gent fole;
et encore te soit il grief,
gart *tous jors qu'il ait aucun grief.
265   Loe mout *atempreement
et blasme plus escarsement;
car tout ausi faut a son esme
qui trop loe que qui trop blasme.
Cascuns d'els veut que l'en le croie;
270 mais ne sont pas en droite voie
cil qui oient celui qui loe.
Com a flateour li font moe
u par deriere u par devant,
s'il en osent faire samblant.
275 Et dist cascuns que ceste ensaigne
lor aprent bien a lor ensaigne; .
que de losenge *est *aliués

---

248. tout. 264. tout. 265. atemprement. 277. est aliués]
est on est on liues.

247—264. Cogitationes vagas et velut somnio similes non
recipies; quibus si animum tuum oblectaveris, cum omnia
disposueris, tristis remanebis. Sed cogitatio tua stabilis sit:
sive deliberet sive quaerat, non recedat a vero. Sermo quoque
tuus non sit inanis.
265—284. Lauda parce, vitupera parcius. Nam similiter
reprehensibilis nimia laudatio quam immoderata vituperatio;
illa siquidem adulatione, ista malignitate suspecta est.

cis par qui cis est trop loés,
et pour óou n'iert il pas creüs;
280 miels venist qu'il se fust teüs.
celui qui trop blasme ensement,
si quident bien trestuit qu'il ment,
u par haïne u par envie
le face tot, que que il die.
285 Ne dois de nului tant bien dire,
que n'en puisses aprés mesdire,
s'il le fourfait par aventure,
et blasmer le *dois par mesure.
Gardes ne porte faus tesmoig
290 pour nul ami et nul besoig;
car pour home terriën plaire,   94r.
ne se doit nus vers diu meffaire.
Par grant esgart proumet amis
et plus donne, ke n'a promis.
295 Car qui peu donne et peu proumet
de grant folie s'entremet.
Car cil qui souvent de óou sert
et son don et son ami pert.
Fai ausi comme font li saige,
• 300 a troi tans *baillier ton coraige.
De óou que fais membrer te doit.
Atorne óou qu'est or endroit,
pourvoi óou *que est avenir,
se tu au lonc en veus joïr.
305 Cil resamble la beste mue,
qui *tous jors boit, *tous jors menjue;
ne li caut quel voie ele tiegne,
mais toujours aut et autres viegne.
Nus ne se doit trop travillier
310 n'en wiseuse trop soumillier.
*Grant mestier a, bien dire l'os,
aprés grant travail grant repos.

---

288. doit. 300. baillie. 303. qui. 306. tout. 311. grans.

289—290. Testimonium veritati, non amicitiae reddas.

293—294. Cum consideratione promitte, plenius quae promiseris praesta.

299—304. Si prudens est animus tuus, tribus temporibus dispensetur: praesentia ordina, futura provide, praeterita recordare.

309—316. Non semper in actu sis, sed interdum animo tuo requiem dato; sed requies ipsa plena sit sapientiae studiis et cogitationibus bonis.

Mais cis repos, óou dois savoir,
de sens doit estre et de savoir
315 tous plains et de saige parole,
qu'issue soit de boinne escole.
La porra li sires aprendre,
ce m'est vis, s'il i veut entendre,
liquels de toute sa maison
320 vaut *miels de sens et de raison,
et comment il s'en aidera   94v.
de cascun, quant mestiers sera.
Mais *tu ne dois parler garéons
nc faus, jangleres ne bricons.
325   Qui cointe pourveance embrace,
cose enlacie si deslace,
isnele fait de la tardive,
dure atempre, la roste aïve,
et par quel voie envaïr doit
330 cascune en soi tost et bien voit.
Li cointes par la porte ouverte
de loing aperóoit la couverte,
le grant aprent par la pitié
*l'ounrable par *l'apeticié.
335 Bien *voit et *entent les lointainnes
par celes qui *li sont proéainnes,
et par une partie entent
l'uevre toute, s'il i entent.
Garde nus par s'auctorité
340 ne te mueve de verité.
Ne dis pas „cis haus hom parole,"
mais bien entent a sa parole.
C'ausi dist noient uns evesques,
tele eure est, *ke *uns arcevesques
345 c'om feroit nus povres ribaus,
et plus en est hardis et baus.
Miels voel, que plaises a un sage,

---

320. miel. 323. te. 334. lounerable. — le petite. 335. voi.
— enten. 336. te. 344. ke uns] kuns.

325—338. Accelerat tarda, perplexa expedit, dura mollit,
ardua exaequat. Scit enim, quid qua via aggredi debeat, et
cito singula ac districte videt consilia imperitorum; ex apertis
obscura aestimat, ex parvulis magna, ex proximis remota, ex
partibus tota.
339—342. Non te moveat dicentis auctoritas, nec quis, sed
quid dicat, intendito.
347—348. Nec quam multis, sed qualibus placeas, cogita.

c'a pluisors gent de fol coraige.
Car cil qui plaist a la gent fole,
350 samble qu'il soit de leur escole.
Quier que trouver pues et avoir,   95r.
et apren ćou que pués savoir.
Car faus *quiert ćou que ja n'ara,
et aprent ke ja ne sara.
355 Gardes par toi ne velles rien
se ćou non que poroies bien
devant la bonne gent voloir;
grans maus est du mauvais voloir.
Li cointes pourveans ne monte
360 pas en tel liu, dont il ait honte;
sempres le converroit descendre.
Mais qui set de musaige rendre,
issi haut s'encrue et s'enbat,
que plus bas, c'avant n'iert, *s'abat.
365 Qui si fait qu'i *monte *si haut,
*a *l'une de ces .ij. ne faut:
li cuers el cors la sus li tramble,
u s'il descent, tout ciet ensamle.
C'est ćou c'on dist en reprouvier,
370 pour tel folie reprocier:
„Qui plus haut monte k'i ne doit,
anćois descent qu'il ne vauroit."
Quant tu aras ta volenté
et quanques vels a grans plenté,
375 se tu m'en crois, donc primes velle
et souvent as saiges *conseille.
Lors te retien et lors demore,
et garde ton ceval ne coure;
car en la voie eslorjable,
380 la u nule riens n'est estable,

---

350. de leur escole ihresgleichen, ihres Charakters. 353.
quier. 364. labat. 365. monte si] si monte. 366. a l'une] alume.
376. consielle. 379. escoriable.

351—352. Id quaere quod potest inveniri, id disce, quod
potest sciri.
355—357. Id opta, quod optari coram bonis potest.
359—368. Ne altiori rei te imponas, in qua stanti tibi
tremendum, descendenti cadendum sit.
373—378. Tunc consilia tibi salutaria advoca, cum tibi
alludit vitae prosperitas; tunc te velut in lubrico sistes, nec
tibi dabis impetus liberos.

te porrot sordre tel barat,   95v.
qui mout cangeroit ton estat.
Gar, com pues mener ton affaire,
jusc'u aler, et donc retraire.
385 Car tels jue au commencement
des eskés bien et belement,
qui puis, quant li jus s'entrelace,
ne set sousciel que il en face.
Pour ćou doit on au commencier
390 garder son ju d'entrelacier.
Et qu'en tel liu son roi n'enbate,
que par lui *meïsme se hate.
Et tels commence bien a faire,
qui *trop tost se met el repaire
395 u trop avant vait, se devient,
dont en aprés grans maus li vient.
Si avés *or a boine *estraine
de ceste vertu primerainne,
l'autre dirai assés briement,
400 *que lassus el commencement
force de cuer vous apelai.
Qui cestui a vit sans esmai.
Car ja, pour cose c'on li faice,
ne criendera fait ne manace.
405 Haitiés, sans paour, tous delivres
sa fin atent, ćou dist li livres.
Molt a en haut cuer haute cose.
Car quanqu'*est biens et raisons ose
emprendre et forment soustenir
410 et *si par vigeour maintenir.
Cis n'a del retenir besoing,   96r.
qui n'a cure de fuïr loing.
Mout a le cuer estable et fort,
qui ne guencist *nes pour la mort.
415 Se tu avoies tel coraige,
ne te cauroit de nul damaige,
qu'avenir peüst contre hounor

---

381. barat Verwicklung, Schaden, vgl. Et. W. I. 41. baratto.
392. mesme. 394. tro. 397. or fehlt. — estrine. 400. qui.
408. es. 410. si fehlt. 414. nos (nes = neïs).

383—384. Sed circumspicies, quo usque eundum sit.
402—410. Caput II. De magnanimitate. Magnanimitas, quae
et fortitudo dicitur, si insit animo tuo, cum magna fiducia vives
liber intrepidus alacer. Magnum humani animi bonum est non
tremere, sed constare sibi, et finem vitae intrepidus exspectare.

ne encontre le creatour,
ne tu ne tenroies nul conte
420 de vilonnie ne de honte
que l'en t'en peüst faire u dire.
Nus ne te porroit metre en ire.
Mais a ton anemi diroies:
„N'est pas fait que faire quidoies;
425 quar tu me cuidoies blecier,
mais jou ne pris un seul denier,
quanques tu pués dire ne faire,
ne dolour ne mal ne contraire.
Car se jou muir et pour droiture,
430 éou soit al la bone aventure.
Car miels vaut morir par honor,
que *tous jors vivre a deshonnour.“
Et *se *il avient par nul fait,
que cil qui tant t'ara meffait
435 pour nul pooir cieche en tes mains,
garde qu'i s'en aut vis u sains,
et tout son meffait li pardonne
et s'a mestier, del tien li donne.
Haute venjance est et houneste,
440 c'est plus que tollir lui le teste.
Ne va pas *deriere ruant   96v.
n'autrui poignant, tout fai devant;
et s'avant deffié ne l'as,
n'asales home paut ne bas.
445 Car a haut cuer ne convient mie
ne traïson ne trecerie.
Savés, qui a cest hardement,
*c'est cil qui trop couardement
ne fuit le peril ne ne quiert,

---

432. tout. 433. se il] sil. 441. derier. 448. et.

415—424. Si magnanimus fueris, numquam judicabis tibi
contumeliam fieri. De inimico dices „non nocuit mihi, sed
animum nocendi habuit.“
433—439. Et cum illum in potestate tua vides, vindictam
putabis, vindicare potuisse; scito enim majus vindictae esse
genus ignoscere.
441—453. Neminem susurro appetas, neminem suffodias:
palam aggredere, non geres conflictum nisi indixeris, nam
fraudes et doli imbecillum decent. Eris magnanimus, si peri-
culum nec appetas, ut temerarius nec formides, ut timidus;
nam timidum non facit animum, nisi reprehensibilis vitae
conscientia.

450 se grans besoins ne l'en requiert.
Riens nule ne fait cremeteus
cuer d'homme ne souspeçonneus,
fors que seul sa *mauvaise vie.
Car comment de sa lecerie
455 t'en osera *nus hom reprendre?
desque li pués sa *honte rendre
eneslepas et toi vengier,
tu n'es gaires en son dangier.
La tierce vertus ci commance,
460 qu'a non mesure u atemprance.
Qui cestui aime en son coraige,
il n'a cure de nul outraige.
*Ses desirriés prent et refraint
et couvoitise froisse et vaint,
465 et si fait a la norretare,
que simplement requiert nature.
Et bien saces, se ceste avoies,
sans plus avoir assés aroies;
car qu'a soi souffist sans autrui,
470 sa *richece nasqui o lui.
Met a ta tenre goule *frain,   97r.
et quanque *l'atenrist, le *frain.
Et s'estre veus hors de dangier
de mires, et boire et mangier
475 dois par raison et par mesure;
car cil qui éou fait, plus endure.
Et qui menjue ains qu'enduit ait   .
u trop, saciés, grant mal *i fait
et bien em porroit vivre mains.
480 Issi s'ocist a *ses .ij. mains.
Et qui trop boit et trop fort vin,
sa teste li deut au matin
et fievre u palasine en vient
u mors soubite *li devient.

---

453. maise. 455. nul. 456. bontc. 463. des. 470. rilrcce.
471. fraim. 472. le atenrist. — le fraim. 478. li. 480. les. 484. le.

461—472. Caput III. De continentia. Continentiam vero
si diligis, circumcide superflua et in artum desideria tua con-
stringe. Considera tecum, quantum natura poscat, non quantum cupiditas expetat. Si continens fueris, usque eo pervenies,
ut te ipso contentus sis, nam qui sibi ipsi satis est, cum divi-
tiis natus est. — Impone concupiscentiae frenum omniaque
blandimenta, quae occulta voluptate animum trahunt, rejice.
474—475. Ede citra cruditatem, bibe citra ebrietatem.

485 Et s'autrement *vois le gent faire,
em boire et en mangier meffaire
en comvive u en autres leus,
garde par certes, ne par euls
nes en repren nes en dampner
490 se tu nes *t'en quides sauver
et garir de la maladie
que li saige apelent tolie.
S'ensignes celui qui n'a cure
de ton sens ne de *t'apresure,
495 en aprés pires en sera
et ton sens en mesprisera.
Pour ćou lo jou, ne l'envaïr,
se ne t'en veus faire haïr.
Ne t'aherdes trop asprement
500 as delis que as em present,
si com cil ki ont lece frite   97v.
et mainnent vie trop despite.
Et les delis que tu *n'aras,
garde kc ne desire pas.
505 Ton fain porras de poi refraindre
et ton soif de petit refraindre.
Pour deliter ne t'aseoir,
quant tu n'as de mangier voloir.
Fains es commueve ton palais,
510 et non pas savors de palais,
de verde savour Poitevine
ne *de Liege la galentine.
Mais tu diras par aventure,
que n'aroies de mangier cure.
515 Ne nul talent avoir sans sause
pren garde, com te raisons fause.

---

485. veus. 489. nes = ne les. 490. nes = neïs. — en.
494. t'apresure] ta pensure. 501. lece vgl. Et. W. I. p. 194. lisca.
503. aras. 511. savour (nfr. saveurs pl.) bedeutet ein in der
Regel aus Rüben (carottes, navets) bestehendes Gemüse, das
man der „galentine" (512) beifügt, einer bekanntlich noch heute
gebräuchlichen Zubereitungsart des Fleisches meist vom Trut-
hahn. 512. del.

485—492. Observa ne in convivio, ne in qualibet vitae
communitate, quos non imitaberis, damnare videaris.
499—500. Nec praesentibus deliciis inhaerebis.
503—510. Nec desiderabis absentes. Victus tibi ex facili
sit, nec ad voluptatem, sed ad cibum accede: palatum tuum
fames excitet, non sapores.

La sainte gent et li *hermite,
qui ne goustent de cose quite
ne il au soir *ne au matin,
520 ne mangeront ne pain ne vin,
herbes menguent et racines,
cil n'ont cures de medecines.
Ja mires a aus gaaignier
ne porra vaillant un denier.
525 Se tu eüsses lor savoir
et maintenisses lor savoir,
plus volentiers en mengeroies
plus sains et plus haitiés vivroies.
*Tes *desirriers de poi racate,
530 et ne te met en grant barate;
car plus penser ne t'en estuet,   98r.
mais que çou faille qui t'esmuet.
Bien quit, qui menroit tele vie,
mains li couroit sus lecerie
535 et mains de l'ator penseroit
et plus esperiteus seroit.
Et se tu veus faire manoir,
u plus *cuides estre et manoir:
plus quier le sain que delitable,
540 mains enfangié, plus essorable;
car li delis passe en poi d'ore,
et la santés dure et demeure.
O di et juge par raison,
que li sires de la maison
545 counoisse la maniere et l'estre,
et si ne redois si faus estre.
Fols est, c'om fait, que l'on le tient

---

517. humite. 519. ne il. 528. plus sains et plus haitiés
vivroies] et plus sains et plus en mur oies. 529. mes. — desir-
ries. 530. barate vgl. Et. W. I. p. 41 baratto. 538. cuidies.
540. enfangié schlammig, feucht, vgl. Et. W. I. p. 133 f. fango.
— essorable luftig, vgl. Et. W. I. p. 282 sauro.

---

529. Desideria tua parvo redime.
531—540. Quia hoc tantum curare debes, ut desinant.
Atque ita quasi ad exemplum divinum compositus a corpore,
quantum potes, abducere. Si continentiae studes, habita non
amoene, sed salubriter.
543—546. Nec dominum notum velis a domo, sed domum
a domino.
547—548. Non tibi affingas quod non eris, nec quid esse
majus quam es videri velis.

a millour c'a lui ne convient.
Car qui *pour *plus rice *tenir
550 se fait qu'il n'est, pour maintenir
sa tolie et sa fole emprise
qu'il a devant la gent emprise,
le sien vent et l'autrui emprunte
et soi et autre met a honte,
555 et plus grant mal em puet avoir.
Car ançois qu'il n'eüst l'avoir
dont il puisse furnir son poindre,
se laira il et batre et poindre
et roeller a asne a pont.
560 Issi folie al fol respont.
Et s'il ne set a droit conter,   98v.
tost em porra plus haut monter
et en la fin avoir le hart.
Pour çou lo que cascuns se gart,
565 c'onques en maison ne em place
plus grans qu'il n'est pas ne se face.
Garde, se tu as poverté,
que soit nete a verité,
sans couvoitise trop vilainne.
570 Car qui ceste a n'est pas sans painne,
et fait caoir en grant despit;
car cascuns qui voit l'en despit.
Hom trop soiés, trop deboinnaire,
qui languist entour son affaire,
575 si com moi samble, n'a mestier
fors en eglise et en moustier.
Fols s'esmervelle de la gent
qui plus ont or et plus argent
qu'il n'a, et pour çou gient et plore.
580 Diu mesaesme et diu devoure
et fait tant, que cascuns qui l'ot
le tient a musart et a sot.
Fui vilonnie ains qu'ele viegne,

---

549. pour plus] plus pour. — tenir] me tient. 557. furnir
son poindre seinen Zweck erreichen. 559. roeller a asne a
pont Anspielung auf die Eselsbrücke, welche zu überschreiten
man die Esel mit Stockschlägen zwang. 580. devoure verflucht.

567—568. Hoc magis observa, nequa paupertas tibi im-
munda sit.
577—579. Nec tua defleas, nec aliena mireris.
583—584. Si continentiam diligis, turpia fugito antequam
accedant.

et honte, et tres bien te souviegne,
585 que li saiges pour soi l'esquive
plus que pour nul autre qui vive.
Plus te dois criendre et plus amer,
c'ome qui soit jusqu'a la mer.
Assés pués soffrir mainte cose,
590 se vilonnie en est fors close.
*Ne dois de vilainne parole   99r.
soillier ta lange ne de fole.
Car si *com li livres tesmoigne,
qui ć'aprent, par honte et vergoigne
595 em poi de tans est effrontés,
qui molt empire autres bontés.
Aime parole porfitable
plus *que cortoise et delitable,
et celi qui te porte droit
600 plus que celi qui te dećoit
*par graerie et par bourder.
Celui doit on d'un pel tuer
qui encontre sa consience,
pour servir a gre, jangle et tence.
605 Jou ne di pas, ćou soit grans sens,
c'on soit *tous jors en griés pourpens,
en angoisse, en travail, en ire,
ains doit on bien juer et vivre.
Mais que soit atempreement,
610 ne trop ne pau seneement.
Car ćou saciés, que pas n'avient,
c'on rie plus qu'i ne convient.
Salemons li saiges nous *dit
que cil est fols qui *tous jors rit.

591. te. 593. come. 598. que fehlt. 601. par fehlt. —
graerie Schmeichelei, von greer, graer. 606. tout. 613. dist.
614. tout.

587—601. Nec quemquam alium vereberis plus quam te.
Omnia tolerabilia praeter turpitudinem crede. A verbis quoque
turpibus abstineto, quia licentia eorum impudentiam nutrit.
Sermones utiles magis quam facetos et affabiles ama, rectos
potius quam obsecundantes.
605—622. Miscebis interdum seriis jocos, sed temperatos,
et sine detrimento dignitationis ac verecundiae. Nam reprehensibilis risus est, si immodicus, si pueriliter effusus, si mu-
liebriter fractus. Odibilem quoque hominem facit risus, aut
superbus, et clarus, aut malignus et furtivus, aut alienis malis
evocatus.

615   Qui con enfes pour noient rit,
     u con feme en riant defrit:
     *cis et cil a reprendre font,
     quant dui en riant si meffont.
     Ris clers et haus et orgillous
620   u emblés u malicious
     u fait pour mal d'autrui, ce quit,   99v.
     sont en mal nouri et requit.
     Et pour ćou nes doit envaïr
     nus hom, car tuit se font haïr
625   cil qui *rient si con *ai dit;
     ćou *set *cascuns sans contredit.
     Mais se tu ris, garde ton rire
     n'em puist nus hom a droit mesdire
     par ta coupe, ne felonnie
630   n'i puist noter ne vilonnie.
     A mesure baus et haitiés
     et vaillans et bien affaitiés
     soies *tous jors; ta courtesie
     soit plaisans et sans lecerie.
635   Car *ne voel pas que soies tels,
     que resambles as menestreus,
     si con font cist autre signor
     qui contrefont le leceour,
     a qui ne caut de quanque il die,
640   ne mais que li pules s'en rie;
     et se font tout connoistre a cort,
     comment aprés la cose court.
     Se tu casties u reprens,
     n'aguisier mie trop tes dens
645   que qui plus mort et mains i prent.
     Car cil qui est mors plus entent
     al grant morsel, que il em porte
     qui en mordant le bien enorte,
     qu'il ne fait a soi amender.
650   Et pour ćou te voel commander,
     qu'entendes tout avant a l'oindre.   100r.
     Puis le poras jusqu'au vif poindre

---

617. cist. 620. emblés verstohlen, von embler. 625. tient.
— jou ai. 626. let. — cascun. 623. tout. 635. nel.

627—630. Si ergo tempus jocos exigit, in his quoque cum
dignitate sapientiae te gere, ut te nec gravetur quisquam tamquam asperum, nec contemnat tamquam vilem.
     631—634. Non erit tibi scurrilis, sed grata urbanitas.
     643—644. Sales tui sine dente sint.

sans *regeillier; car cose dure
aprés l'oint reçoit miels pointure.

655   Se juës, soit sans ju vilain
u tous tans juëut li vilain:
des des, des tables, de pelote.
Qui plus en jue, plus asote.
Et bien pren garde, qu'en tous leus
660   sans folie soit li tiens jeus
et *sans blecier; gar ton aler
soit sans noisier et sans baler.
Quar vilainne cose est et male,
quant li hom doit aler qui bale.
665   Et tes repos soit sans perece;
car souvent s'en endort vistece,
et fait endormir et pesant
celui qui ert *legiers avant.
Quant tout juent au ju de feste,
670   et tu aucune cose houneste
penses et aïes en tes mains;
se plus n'en vals, n'en vauras mains.
  Se tu veus amer atemprance,
garde *nus *losengiers n'avance
675   ne toi, ne soit en ta maison;
si t'en dirai bone raison:
  Se saiges es, bien ses et vois
que cis traïtres et revois
*qu'il est tes mortels anemis
680   trestout entirs, non pas demis.
Car il ocist trestout ensamble   100v.
ton cuer, ton cors, ta vie ensamble,
comment qu'i ne dira ja voir,
de cunciër, de decevoir
685   celui qui plus l'aime, se painne;
c'est ses travaus, çou est sa painne.

---

653. regiller. 657. des tables: „On comprenait sous cette
dénomination générale (les jeux de table) tous les jeux qui se
jouaient sur un damier (tabula) et particulièrement les échecs,
les dames et le trictrac“, vgl. Laxroix „Mœurs, usages et
costumes au moyen âge etc,“ Paris 1878. p. 256. 661. aus.
668. legers. 674. nul — losengier. 679. qu'il fehlt.

661—662. Incessus sine tumultu (sit).
665. Quies tibi, non desidia erit.
669—671. Et cum ab aliis luditur, tu sancti aliquid hone-
stique tractabis.
673—674. Si continens es, adulationes evita,

Mais si *souef le vait portant
et ausi com l'enfant berćant,
qu'il n'en set mot jusqu'il en dort.
690 Et puis en fait *com d'oume mort.
Et *s'a *son *sire dist menćoigne,
u il l'abaisse u il l'alonge;
et mainte fois *li fait acroire
tel cose qui n'est mie voire,
695 dont en aprés grans maus li vient.
Ne ja pour ćou si li souvient,
que cil li ait empaint et mis,
ja ponr ćou n'iert mains ses amis.
Tant plaisantment frestele et muse,`
700 que nes les saiges tous amuse.
A son signour *en *tout resamble:
se *ses sires a froit, il tramble
et si haut que *ses sires l'ot,
*il demande u cape u sourcot.
705 Se ses sires a caut, il sue;
issi cent fois le jour se mue.
Tel vasal *devroit on larder
et bouter hors, car nus garder
ne s'en porroit, ki veut atendre.
710 Tant sevent lać coiement tendre,
et mettre lesce environ l'ain,   101r.
et dire „sire, je vous aim“,
que nus hom ne s'en puet deffendre,
desqu'il s'avra laissié sousprendre.
715 Pour ćou lo, *qu'a le commenćaille
gardes bien de telle frapaille.
Et tantost com les ot glatir,
les doit on fors del huis *flastir.
Lors n'en aras ja mais plus garde,
720 *se *tes *huis *a *si boinne garde.
Ne di pas, se tes sires dist
*nul faus qu'i metes contredit,
par devant gent u il ait honte.
Mais s'il a toi affiert u monte,
725 le voir laisse dire a son gre,
et si serf ton signor a gre.

687. loues. 690. come. 691. s'a son sire] se ses sires. 693.
lit. 701. en tout fehlt. 702. ses fehlt. 703. ses fehlt. 704. il
fehlt. 707. deveroit. 711. lesce feine Schnitte — Lockspeise,
vgl. Et. W. I. p. 194. lisca. 715. que. 716. frapaille Gesell-
schaft, vgl. Et. W. II. c. p. 588. frapper. 718. flastrir. 720. se
tes huis a si] sil a tes huis. 722. nus.

Se veus savoir, c'en est la somme,
que ja mais ne trouveras houme,
tant ait richece et tant avoir,
730 qu'il ait houme *qui die voir.
Car s'il dist voir, ne puet durer:
souffrir nel puet ou n'endurer.
Se mauvais *hom te loe, soies
ausi dolans, com se savoies
735 qu'il te loast pour grant mal faire.
Et s'al mauvais te vois desplaire,
si t'en fai plus lié et plus baut,
car los *est blasmes de ribaut.
Garde par losengier ne plaises
740 nului, ne tu autre n'aaises
par tele entree a toi ne plaise,   101v.
tout jors l'en tol le liu et l'aise.
Ne trop hardis ne trop estous
ne soies, mais envers trestous
745 t'abaisse un pau, salve, t'onnor
s'en diront bien grant et mennor.
Volentiers le bien amouneste
a cascun, car c'est cose houneste.
Se pour ton preu acuns hom tence,
750 souffrir le dois em passiënce.
S'a tort dist, por ton preu le fist,
s'a droit, de ćou preu te tesist.
Ne criendre pas parole ouverte
ne dure, mais blance et couverte,
755 qui par defors a lait et miel
et par devens venin et fiel.
*Desus la foille as flors se joint,
et par desous l'espine point.
*Tes *mals pour amender reverche,

---

730. que. 733. houme. 738. et. 757. desous. 759. cels — anals.

733—742. Sitque tibi tam triste laudari a turpibus, quam
si lauderis ob turpia. Laetior esto quotiens displices malis, et
malorum de te existimationes veram tu laudationem ascribe.
Difficillimum continentiae opus est, assentationes adulantium
repellere. — Nullius per assentationem amicitiam mercaris, nec
tuam promerendi ad te aditum aliis pandas.
743—745. Non eris audax, non arrogans, submittes te, non
projicies, gravitate servata.
747—754. Admoneberis libenter, reprehenderis patienter.
Si merito objurgaverit aliquis, scito quia prodesse voluit. Non
acerba sed blanda verba timebis.

760 et les autrui mals trop ne cerche,
quant tu les ses, mais sans orguel,
sans toi vanter; car je ne voel
que l'en te tiegne a *gabeour
n'a menestrel n'a vanteour.

765 S'estre veus parels a trestous,
ne dois orgillous ne estous
estre, n'en *coroué ne en‾ire.
Nul mains vaillant de toi despire;
mais pense, que trestout d'un pere

770 *esmes et *trestout d'une mere,
et tuit morront jovene et kenu,   102r.
povre, rice, grant et menu.
Se reveus parels faire a toi
cels qui sont conte et qui sont roi:

775 gart que mainnes *si bone vie,
que trestout en?aient⸱envie.
Car se tu si *bone vie as,
autant com il toi les criendras.
Va le cemin, laisse la sente.

780 De ton servisce u de ta rente
querre ne soies *pereceus,
ne del demander aniëus.
Soies a trestous deboinnaire.
Nul ne blandi pour ton affaire;

785 privés soies a *toute *gent,
loiaus a tous communement.
Et parole mains aigrement
que tes coraiges ne t'aprent.
Gar ta lange, gar ton coraige,

790 ne face mais que ton mesaige.
Tes cuers la devens miels ne face
que par defors ne dist la faice.
La bonne gent de bonne part

---

763. vanteour. 767. coroue. 770. mesmes. — tout. 775. se.
777. bones. 781. perceus. 785. toutes. — gens.

760—762. Aliorum (vitiorum) vero neque curiosus scrutator,
neque acerbus reprehensor (esto).

765, 768. Omnes tibi pares facies: — inferiores superbiendo
non contemnas.

773—782. Superiores recte vivendo non timeas. In red-
denda officiositate neque neglegens, neque exactor appareas.

783—792. Cunctis esto benignus, nemini blandus, paucis
familiaris, omnibus aequus. Severior esto judicio quam sermone,
vita quam vultu.

éntour toi tien, ne t'en depart.
795 Et le cruël, la felenesse,
qui dru semee *est et *espesse,
fai *tous jors en sus de toi *traire,
se tu n'en as gramment affaire.
Garde ta bonne renommee
800 ne soit ja par toi renommee;   102v.
ne de l'autrui n'aies envie,
car ce seroit grant vilonnie.
Ne t'abandonner a nouveles,
n'a souspećons viés et nouveles.
805 Et si ne dois pas croire blasme
d'autrui, mais lui meïsme blasme.
Mais se tu pués, tost le fais taire,
bien feras, se l'em pués retraire.
*Faus ne crient diu, fors quant il tonne;
810 tart t'aïre et tost li pardonne.
Velle, li mons n'est pas estables,
ausi est com li jus des tables.
Se *mal siet, aies ferm corage,
se bien siet, humle et douć et saige.
815 Coiler tes biens, ausi con font
lors mals li mauvais ki les font,
fermement tiegnes en memoire.
En despit aies vainne glore,
et a preudommes qui te servent
820 et qui lor vie a toi deservent,
ne soies cruëls ne trop aigres.
Ne trop cras ne tien ne trop maigres.
N'aies petit sens en despit,
car li saiges nus n'en despit.
825 Et del parler petit feras,

---

796. est fehlt. — ml't espesse. 797. tout. — faire. 809. fais.
812. li jus des tables, vgl. 657. 813. mals.

799—801. Famae neque tuae seminator, neque alienae
invidus.

803—808. Rumoribus, criminibus, suspicionibus minime
credulus, sed potius malignis, qui per speciem simplicitatis ad
nocendum aliquibus subrepunt, oppositissimus.

810—811. Ad iram tardus, ad misericordiam promptus.

813—816. In adversis firmus, in prosperis cautus et hu-
milis, occultator virtutum, sicut alii vitiorum.

818—821. Vanae gloriae contemptor, bonorum quibus prae-
ditus es, non acerbus exactor.

823. Nullius imprudentiam despicias.

et le trop parlant souferras.
Car plus brait et plus crie haut
la roe el car qui *mains i vaut.
Mains que cruels et plus que mols
830 soies as saiges et *as faus.
Et s'aucuns faus mal se contient,   108r.
et le voir dire t'en convient:
tart et envis *tu parleras,
mais donc au voir repaieras.
835 Pour ćou se vois juer la gent,
nes aproismier trop durement.
Soies mout couvoiteus de *sen
et *tous jors volentiers apren.
Ćou que *ses volentiers ensaigue,
840 s'il est qui demant et apregne.
Ćou que ne ses demanderas,
et con fols ne te vanteras,
que saces cose que tu mie
ne ses entiere ne demie.
845 De le tierce vertu *dit *ai,
de *le quarte vertu dirai.
Droiture a *non, et qu'est droiture?
Droite aliance de nature,
par coi cascuns naturaument
850 voit c'on doit faire loiaument.
C'est li loiens de compaignie
a *gent en ceste mortel vie.
Qui droiture a, si fait un veu,
qu'il ne querra jamais son preu
855 s'ensi non con droiture ensegne.
Son pignoncel porte et ensegne;

---

828. plus. 830. a. 833. tu fehlt. 837. sens. 838. tout.
839. se. 845. dit ai] dirai. 846. le le. 847. anon. 852. gens.

825—826. Rari sermonis ipse sis loquentium patiens.
829—830. Severus ac serius (sis).
835—836. Sed hilares non aspernans.
837—844. Sapientiae cupidus et docilis. Quae nosti, sine arrogantia postulanti imperties, quae nescis, sine occultatione ignorantiae tibi postula impartiri.
846—848. Caput IV. De justitia. Justitia post haec virtus est. Quid est autem justitia, nisi naturae tacita conventio in adjutorium multorum inventa?
851—855. Certe est vinculum societatis humanae. In hac non est quod aestimemus, quid expediat. Expediet quicquid illa dictaverit.

car tout partot a droit aïe
et cascun a droit faire envïe.
Se bon li est et se li *delt,
860 toute droiture faire veult.
*Avant *trestout diu criem et aime,   108v.
et son serf par trestout te claime.
Amer *dois diu pour óou qu'il *t'aint;
car qui bien l'aime et sans cuer faint,
865 ausi com dius, a tous veut bien,
mal a nului pour nule rien.
Qui point ne *nuist et tout pourfite,
vers diu et vers home *s'aquite.
S'ensi fais, cascuns t'amera
870 et juste home te clamera.
D'autrui mal faire te tendras,
et les maufaitors detendras
a ton pooir, que mal ne *facent.
Car *mout vilment del mal s'enlacent
875 cil qui *estort et cil qui tient,
et *qui *malfait et qui maintient,
[qui autrui mal faire commende,]
et cil qui puet et ne l'amende,
ki voit de loing et mout haut siet,
880 *que qu'il soit bel, ne *que qu'il griet.
Pour óou te lo par bone foi,
que primiers commences a toi
de rien tollir ne t'entremetre.
Car trestout sera mis en letre,
885 quanques un hom a autres taut;
griement soudra óou qu'il ne solt.
Quant par force rien ne prendras,
as autres plus bel te prendras,

---

859. daelt. 861. avant trestout] trestout avant. 863. doit. —
aint. 867. mist. 868. taquite. 873. faces. 874. mout fehlt.
875. estorte. 876. quil. — malfaire. 877. v. 877 fehlt in der
Handschrift. 880. qui. — quil.

861—863. Quisquis ergo hanc sectari desideras, time prius
deum et ama deum, ut ameris a deo.
864—873. Amabis enim deum, si illum in hoc imitaberis,
ut velis omnibus prodesse, nocere nulli: Tunc te justum virum
appellabunt, omnes sequentur te venerabuntur et diligent.
Justus enim ut sis, non solum non nocebis, sed etiam nocentes
prohibebis.
881—883. Ab his ergo incipe, ut non auferas, sed ad ma-
jora provehere, ut etiam ab aliis ablata restituas.

et plus bel sour eus porras *corre
890 et éou, c'aroit preé, rescourre.
A cascun dois se cose rendre,
et sans nul guerredon atendre   104r.
fors seul de diu qui trestout donne
et tous les bienfais guerredonne.
895 Mais as gloutons te porras prendre,
et del *leur seürement prendre
pour éou quant grant folie est faite;
car grant cose est de pais enfraite.
Saces, par un c'om bien castie,
900 gardent souvent *tel .C. la vie.
Car grant bien fait une justice,
quant elle est par jugeour prise.
Tout *un païs em pais en tient.
Car cascuns dit, quant l'en souvient:
905 „Jou n'ai de tel folie cure,
trop en est la venjance dure."
A parole nului ne pren
en plait s'en mesdit sel repren
et bien reviegne a sa parole.
910 Pour éou s'on vicement parole,
ne doit il pas perdre sen droit.
Mal feroit qui si l'i tolroit.
Mais se il aloit faucillant
et a sa parole faillant
915 par engien u par decevoir:
ce ni li *devroit pas valoir.
Et pour ce au cuer dois bien entendre
et nului a parole prendre,
et celui au droit avancier,
920 non pas de parole tencier.
Ensi doit estre cose ferme
éou que preudom de bouce aferme,   104v.
con *se *jurant l'eüst fremé
et de son seel confremé.

---

889. croire. 896. dolour. 900. es. 903. em. 916. deveroit.
923. se jurant] en irant.

---

895. Raptoresque ipsos (ne aliis timendi sint), castiga et
cohibe.
907, 917, 920. Ex nulla vocis ambiguitate controversiam
nectas, sed qualitatem animi speculare.
921—988. Nihil tibi intersit, affirmes an jures: — Quod
si aliquando coarcteris uti mendacio, utere non ad falsi, sed
ad veri custodiam.

925 Et celui qui ne *tient son dit,
desqu'il aura „a certes" dit:
ne lo que son sairement croies,
ne que son gaige li recroies.
Tien ausi ta simple parole,
930 con se li prestres a se stole
l'eûst juré enmi l'eglise,
trestout a certes, sans taintice.
Et s'aucune aventure aviegne,
que il a mentir te conviegne:
935 nel faire sans grant occoison,
si com cil qui sont sans raison,
qui mentiront pour loiauté
et pour garder *lor feelté.
Ne quit que nus par raison sence,
940 que tels hon desloiaument menche.
Car qui avroit a son signor
juré, *et sa vie et s'ounour
a maintenir et a garder,
qui oseroit ci esgarder
945 ne par droit ne par jugement,
li eûst faussé *sairement.
S'il par mentir l'avoit de mort
*gari a ćou pas ne m'acort;
non feroit nus qui sens aroit,
950 s'il an vausist jugier a droit.
Qui si com vous ai dit vivroit,
haute vie et noble menroit,   105r·
en grant repos seroit sans cure
de quanqu'il verroit, *se mesure
955 vausist en .iiij. vertus metre
et bien s'en vausist entremetre.
Car qui par est trop cremeteus,
enquerans et souspećonneus,
et trop u trop souvent enkerke
960 et pigote, angoisse et reverche
la cose plus qu'il ne convient:

---

925. crient. 938. sa. 942. et fehlt. 946. son sairement.
948. garir. 954. sa.

951—964. Caput V. De mensura et moderatione prudentiae.
His ergo institutionibus hae quattuor virtutum species perfectum
te facient virum. — Nam prudentia si terminos suos excedat,
— notaberis minutus suspiciosus attentus, semper aliquid quae-
rens, semper aliquid convincens, — et postremo uno nomine a
cunctis malus homo vocaberis.

cascuns pour angoisseus le tient,
*quant parole, c'en est la somme;
tuit le tienent a mauvais home.
965   Mais qui veut de cointise oïr.
comment em pora miels goïr:
ne *trop *dormi *ne *trop velliés,
*ne *trop requit ne trop noisiés
ne soit, mais en miliu se tiegne,
970   ne s'en meuve pour rien c'aviegne.
Ausi ne tient on pas a saige
celui *qu'a trop hardi corage.
Quar enflé, tempestant et torble
le fait et tel que *tous jors torble.
975   Tous ses voisins icil decace,
cel autre fiert, cel autre mace.
*Qu'en tel maniere se contient,
a dolereuse fin en vient.
Mais qui vaura force de cuer
980   avoir, gart c'onques a nul fuer,
*ne en compaignie ne seus,
soit trop hardis ne cremeteus.   105v.
La tierce vertus est mesure,
que li saiges isi mesure:
985   ce qu'il a bien et bel despent,
et son pié pas plus loing n'estent
qu'estendre puet sa couverture,
et n'a de nul outraige cure,
ne d'autre *part trop ne s'astient;
990   mais adés en miliu se tient,
*qu'a *nul n'est avers ne bouleres,
ne escars ne trop despenderes.
Ore estuet ćaiens de droiture
aprés ces .iij. juste mesure.
995   L'en i *porroit bien tost mesprendre;
car qui castiër u reprendre

---

963. qum. 967. trop dormi ne trop] dormir ne trop ne.
968. ne trop] poi. 972. qui. 974. tout. 977. qum. 981. Q'.
989. pas. 991. qu'a nul] Qar nus. — bouleres betrügerisch,
vgl. Et. W. I. 57 bolla. 995. porroist.

971—982. Caput VI. De moderanda fortitudine. Magnanimitas autem si se extra modum suum extollat, faciet virum
minacem, inflatum, turbidum, inquietum. — Quieta excitet:
alium ferit, alium figit. — Sed aut miserum oppetit finem, aut
aerumnosum sui memoriam derelinquit. Magnanimitas est, nec
timidum esse hominem, nec audacem.

veut par orguel u par outraige,
endroit moi nel tien mie a saige.

    Ausi est voirs, que til mesprent
1000 qui onques le fol ne reprent,
ne pour nul fourfait ne castie,
ne n'en retrait de la folie.

Mais qui a droiture assener
veut et sa cose a point mener:
1005 ne trop ne peu nel reprendra,
mais en miliu droit se prendra.

Ne doit durs estre ne trop mols,
car cil est fel, et cil est faus.

    Qu'avroit son cuer si *aorné
1010 et si a bien faire atorné,
com nous avons dit et conté:
molt seroit de haute bonté;   106r.
mis se seroit en droite voie
et el droit ploi de la coroie;
1015 ne vivroit pas tant seulement
pour soi, mais pour toute la gent.

Et dius et siecles l'ameroit
et ceriroit et hounerroit.

Maistres Seneques *ci fenist
1020 qui maint houme maint bien aprist,
et aprist et encore aprent;
mais tels l'ot qui petit i prent.

1009. torné G. P.] aorné. 1014. vgl. 238. 1019. ici.

990—992. Caput VII. De modo temperantiae. Hac ergo
mediocritatis linea continentiam observabis, ut nec voluptati
deditus prodigus et luxuriosus appareas, nec avara tenacitate
sordidus aut obscurus exsistas.

1007. Caput VIII. Qualiter sit moderanda justitia. —
Nec rursum nimiae rigiditatis nihil veniae aut benignitati
reservans humanae societati durus appareas.

1009—1016. Conclusio praemissorum. Si quis ergo vitam
suam ad utilitatem non tantum propriam, sed multorum inculpabiliter
adscisci desiderat, hanc praedictarum virtutum formulam
teneat.

Druckfehler.

pag. 6 Zeile 1 v. o. corr. Phillipp's.
pag. 11 V. 1 n'entent.
      29 fu.
      Zeile 5 v. u. trestuit.
pag. 13 Zeile 1 v. u. continentia.
pag. 14 V. 110 si.
      Zeile 2 v. u. te accommodas.
pag. 21 V. 374 grant.
pag. 23 V. 430 a.
      V. 444 haut.
pag. 24 V. 463 desirriers.

Vita.

Natus sum Fridericus Eugenius Irmer in oppido Crimmitschau (Saxoniae) die XI. mensis Mart. h. s. a. LXVII. patre Carolo, matre Bertha e gente Barrot, quam praematura morte ereptam valde lugeo. Fidem confiteor evangelicam. Literarum elementis imbutus urbanam scholam realem, posteaquam gymnasium reale Cygnense frequentavi. Testimonio maturitatis munitus ineunte vere anni h. s. LXXXVI universitatem Lipsiae adii, ut in studium artium mathematicarum, posteaquam in studium linguarum recentium incumberem. Quattuor semestria Lipsiae versatus, ineunte vere anni h. s. LXXXVIII Halas Saxonum transii, ubi per tria semestria studiis philologicis dedi operam.

Magistri mei doctissimi fuerunt, Lipsiae: Arndt, von Bahder, Biedermann, Ebert, Engel, Heinze, Koegel, Koerting, Masius, Settegast, Seydel, Study, Wiedemann, Wülker, Zarncke; Halis: Beyschlag, Bremer, Droysen, Ewald, Lindner, Odin, Sievers, Suchier, Vaihinger. Seminarii Romanici Halensis sodalis ordinarius fui.

Quibus omnibus viris doctissimis de studiis meis optime meritis, prae ceteris Hermanno Suchier gratias hoc loco ago quam maximas.